CANTORA

Mercedes Sosa, La Voz de Latinoamérica

Para quienes alzan su voz

ESTO ES UN BORZOI BOOK PUBLICADO POR ALFRED A. KNOPF

Derechos reservados © 2023 por Melisa Fernández Nitsche

Todos los derechos reservados. Publicado en Estados Unidos por Alfred A. Knopf Books for Young Readers,
una división de Penguin Random House LLC, Nueva York.

Knopf, Borzoi Books y el colofón son marcas registradas de Penguin Random House LLC.

¡Visítanos en nuestro sitio en la web! rhcbooks.com

Educadores y bibliotecarios, para acceder a una variedad de recursos de enseñanza, visítenos en RHTeachersLibrarians.com

Información de la catalogación en la publicación de la Biblioteca del Congreso de los Estados Unidos de América.
ISBN 978-0-593-70499-8 (trade) — ISBN 978-0-593-70500-1 (ebook)

El texto de este libro ha utilizado la tipografía Amasis de 13 puntos.
Las ilustraciones fueron creadas usando Procreate.
Diseño del libro de Sarah Hokanson
MANUFACTURADO EN CHINA
10 9 8 7 6 5 4 3 2
Primera edición en español

CANTORA

Mercedes Sosa, La Voz de Latinoamérica

MELISA FERNÁNDEZ NITSCHE

Alfred A. Knopf · New York

¿Y si una voz se convirtiera en un símbolo de justicia?
Yo vengo a ofrecer mi corazón, dijo esa voz.

La voz de Mercedes Sosa.

Mercedes creció en San Miguel de Tucumán, Argentina. Un lugar donde los valles son vibrantes y los altos picos de las montañas alcanzan el cielo.

Le encantaba el dulce aroma de los naranjos y el zumbido de las cigarras, que anunciaban la llegada de días más cálidos.

Mercedes y sus hermanos jugaban en el parque, sus corazones volaban libres.

Escuchaba canciones en la radio de los vecinos y las tarareaba tímidamente en voz baja.

En casa, la madre de Mercedes cocinaba para toda la familia. Sus manos hacían magia con unos pocos ingredientes. El sabor salado de su locro casero suavizaba algunas dificultades de la pobreza.

El padre de Mercedes trabajaba en la fábrica de azúcar y su madre como lavandera. Ella veía lo mucho que trabajaban y el poco dinero que recibían.

No le parecía justo.

Una mañana en el colegio, la directora
le pidió a Mercedes que se pusiera de pie
y cantara el himno nacional.

—¡Cantá fuerte, Mercedes! —le dijo—. Cantá
fuerte y te seguimos.

Aunque a Mercedes le daba vergüenza, cantó.

LIBERTAD

LIBERTAD

LIBERTAD

Su voz sorprendió a los
alumnos y profesores.

Ese mismo día, sus amigas la convencieron para que participara en un concurso de radio.

—¿Nombre? —preguntó el locutor.

—Gladys Osorio —balbuceó, inventándose un nuevo nombre.

Cuando terminó la canción, el locutor dio por terminada la competencia.

—Aunque mil concursantes más se presenten, nadie va a cantar como vos Gladys —le dijo.

Desde ese momento, Mercedes nunca dejó de cantar.

Comenzó a usar su nombre real, pero seguía teniendo un gran miedo escénico y bajaba la mirada mientras cantaba.

Después de unas canciones, construía el coraje para ver al público.

Su mirada sincera y cariñosa cautivaba el corazón de todos los que la escuchaban.

Con un bombo a su lado, Mercedes ya no se sentía tan tímida. El instrumento latía y LATÍA junto a su voz. El sonido resonaba con las palabras. Se transformó en una brújula para su música.

OFRECER **BOOOOM**

MI CORAZÓN **BOOM**

Mercedes cantaba con el alma, dándole vida a las letras folclóricas que elegía cantar.

Historias de niños viviendo en la calle, campesinos cansados y sueldos injustos de trabajadores como su padre y su madre.

Historias parecidas a la suya.

La gente empezó a llamarla «la voz de los sin voz».
Contar estas historias se convirtió en su misión. Mercedes
no era solo una cantante. Era una *cantora*.

—Cualquiera puede cantar —dijo—. Yo soy una
cantora porque cantar es mi deber.

La voz de Mercedes no conocía fronteras.

Era un puente entre culturas, idiomas y generaciones.

Llevó estas historias a todos los rincones del mundo, popularizando la música folclórica latina y mezclándola con el pop, rock y tango.

Pero no todos en Argentina querían que cantara. La dictadura militar amenazó a Mercedes y prohibió sus discos.

—Sus canciones son demasiado poderosas —decían—. El pueblo está protestando contra nosotros a través de su música.

El corazón de Mercedes temblaba y se aceleraba en cada concierto.

Las amenazas tendrían que haberla detenido, pero siguió cantando.

¡ELLOS NECESITAN MI CORAZÓN! gritó.

Hasta que fue arrestada en medio de un show.

Luego de pasar toda la noche detenida, Mercedes fue liberada.

Tuvo que huir a Europa, llevando solo su bombo, tres valijas y un bolso de mano.

Pero algunas cosas no entraban en su equipaje...

Mercedes extrañaba a su familia.

Escuchaba canciones
latinas en la radio y las
tarareaba en voz baja.

En el exilio, no podía
saborear el locro casero
de su madre,

y el dulce aroma de los
naranjos no estaba por
ningún lado.

El amor por su tierra natal se hizo más fuerte.

«Cuanto más lejos estás de tu hogar, más cerca está de tu corazón», pensaba.

Para Mercedes, los tres años en el exilio fueron interminables. Anhelaba poder volver a Argentina. Los minutos se sentían como horas y las horas como días, hasta que por fin...

... pudo volver a casa.

Mercedes tenía miedo de haber sido olvidada. Pero niños, campesinos y trabajadores la recibieron cantando sus canciones mientras gauchos a caballo la escoltaban hasta su casa.

Mercedes estaba de vuelta en su tierra, cantando
más alto que nunca, su corazón volando libre.

La voz de Mercedes sigue latiendo con fuerza, como lo hacía su bombo.
Una voz comprometida a contar historias de Latinoamérica.
Una voz tan poderosa que se convirtió en un símbolo de justicia.
La voz de una cantora, que vino a ofrecer su corazón.

NOTA DEL AUTOR

Mercedes Sosa fue una voz familiar desde mi infancia: en los actos del colegio, en la radio y en la televisión.

En el año 2021, hice la tapa de un libro infantil sobre ella como material promocional, y me dejó pensando: ¿y si realmente existiera una biografía infantil sobre ella? Tenía ganas de escribirla, y mi agente, Chad W. Beckerman, me alentó para que lo hiciera.

Durante meses investigué sobre Mercedes. Leí biografías, vi documentales y entrevistas, escuché todos sus discos y terminé enamorándome de su personalidad. Lo que más me cautivó fue su autenticidad y la fuerza en su voz. Mercedes eligió cantar canciones sobre cosas que encontraba importantes y quería hacer notar, haciéndolo en un contexto político duro y complicado en el cual cantar era un compromiso de vida.

«Yo vengo a ofrecer mi corazón» es el título de una canción de Fito Páez, interpretada y popularizada por Mercedes. Fue la frase que elegí para conectar su historia en este libro, la vida de una cantora que en su voz ofrecía su corazón.

El texto y las ilustraciones de este libro fueron inspiradas y basadas en todo el material de investigación. Es una versión de una vida llena de logros. Espero que este libro sea una puerta de entrada a la vida de Mercedes para que los lectores conozcan más sobre ella y así hacer de su legado un presente continuo.

LÍNEA DE TIEMPO

9 de julio de 1935—Haydée Mercedes Sosa nace en San Miguel de Tucumán, provincia de Tucumán, Argentina, a padres de ascendencia indígena y europea. Su familia es humilde y lucha económicamente. En la fecha de su nacimiento, Argentina celebra el aniversario de la declaración de la independencia. Tiene dos hermanos y una media hermana.

1950—La profesora de música de su colegio se da cuenta que tiene una gran voz y la alienta a cantar. Mercedes gana un concurso de radio local y, gracias a eso, consigue un contrato de dos meses con la radio.

1953—Durante los próximos años, canta en Tucumán y otras provincias argentinas. También da clases de danzas folclóricas.

1957—Mercedes se casa con el músico Oscar Matus y se instalan en Mendoza, Argentina, dónde comienza su formación artística y carrera profesional como cantora. Oscar compone muchas de las canciones que canta Mercedes. Se une a un grupo de artistas, intelectuales, escritores y músicos que luego van a conformar el Nuevo Cancionero.

1958—Nace el hijo de Mercedes, Fabián Matus, y se mudan a Buenos Aires, Argentina.

1959—Su primer álbum, *Canciones con fundamento,* se publica por un sello independiente pero pasa desapercibido. Mercedes no escribe música, pero su fuerza reside en su voz y en la pasión que ella vierte en interpretando las letras.

1963—Se forma oficialmente el Nuevo Cancionero y Mercedes es una de las fundadoras. El movimiento pide diversidad de géneros, una música que exprese la identidad de la gente latinoamericana y evitar el arte puramente comercial. Estos ideales van a influir la carrera de Mercedes como cantora y su elección de canciones.

1965—Durante el Festival Nacional de Folklore de Cosquín, Mercedes está en el público y es invitada a cantar en el escenario. Todos se sorprenden con su voz. Es un momento definitivo para su carrera ya que, poco tiempo después, consigue un contrato con Philips para grabar un álbum.

1966—Lanza su álbum *Yo no canto por cantar y* esta vez alcanza la fama, recibiendo elogios que nunca la dejarían. Se separa de su marido, Oscar Matus.

1967—Mercedes comienza a recorrer el mundo con su música. Canta en Estados Unidos, Alemania, Italia, Polonia y otros países. Aunque muchas de las personas del público no hablan español, ella es capaz de conectar con ellos y, además de ser bien recibida, es ovacionada.

1968— Inicia una relación con Francisco Pocho Mazzitelli, quien se convierte en su compañero de vida.

1976–1977—En Argentina, hay un golpe militar y se suspende la democracia. Los libros, el teatro y la música, entre otras cosas, son prohibidas o censuradas. Miles de personas desaparecen a manos del Estado, muchas de las cuales siguen sin ser encontradas hoy en día. Mercedes apoya los ideales de la izquierda política y está en contra de lo que ocurre. Elige cantar canciones que relatan la verdad sobre la brutalidad y la injusticia cometidas por los gobernantes fascistas y, por estas razones, es vista como una amenaza. Sus discos son prohibidos por la dictadura militar, la amenazan de muerte y le dan un ultimátum para que deje de cantar.

1978—Mercedes es arrestada junto a la audiencia durante un concierto en Buenos Aires, Argentina. Pasa dieciocho horas detenida y es liberada por presión internacional y el pago de la fianza.

1979—Mercedes tiene que huir de su país y autoexiliarse en Europa. Vive en París, Francia.

1980—Hace una gira por España, Francia, Alemania, Israel, Brasil y otros países, haciéndose muy conocida. Mercedes se instala en Madrid, España.

1982—Luego de tres años en el exilio, vuelve a una Argentina todavía bajo dictadura militar. Canta nuevamente en su patria. Su regreso le dio a la gente la fe de que el gobierno militar terminaría pronto.

1987—Reanuda las giras fuera del país. En el Carnegie Hall de Nueva York, recibe una ovación de diez minutos que no termina hasta que abandona el escenario.

1995—Mercedes recibe numerosos premios y reconocimientos, incluyendo el Gran Premio CAMU-UNESCO, el Premio de la UNIFEM, otorgado por un organismo de las Naciones Unidas en honor a su labor en defensa de los derechos de la mujer, y el Konex de Brillante a la Mejor Artista Popular de la Década.

1999— Es nombrada como Embajadora de la Buena Voluntad en UNICEF, defendiendo los derechos de los niños.

2000—Mercedes recibe su primer Grammy Latino por mejor álbum folclórico por *Misa criolla*. En los años siguientes, gana otros tres premios Grammy Latinos y dos más luego de fallecer. También gana el Premio Gardel de Oro, el premio musical más prestigioso de Argentina.

2004—Gana el Premio Grammy Latino a la Excelencia Musical. Es conocida por mezclar el folclore con géneros musicales como el rock, jazz y tango.

4 de octubre de 2009—Mercedes fallece a los setenta y cuatro años de edad.

PLAYLIST

Estas son algunas de mis canciones favoritas interpretadas por Mercedes Sosa, para que empieces a conocerla y a su voz.

1. «Luna tucumana»
2. «Como la cigarra»
3. «Zona de promesas» (con Gustavo Cerati)
4. «Todo cambia»
5. «Cuando tenga la tierra»
6. «Gracias a la vida»
7. «Sólo le pido a Dios» (con León Gieco)
8. «Me gustan los estudiantes»
9. «Si se calla el cantor» (con Horacio Guarany)
10. «Corazón libre»

FUENTES SELECCIONADAS

Libros

Mercedes Sosa, la mami por Fabián Matus, Editorial Planeta (2016)

Mercedes Sosa, la negra por Rodolfo Braceli, Editorial Sudamericana (2011)

Mercedes Sosa: The Voice of Hope por Anette Christensen, Tribute2Life Publishing (2018)

Documentales

Bios. Vidas que marcaron la tuya: Mercedes Sosa. Dir. Leandro López (2022)

Mercedes Sosa: Cantora, un viaje íntimo. Dir. Rodrigo H. Vila (2009)

Mercedes Sosa, como un pájaro libre. Dir. Ricardo Wullicher (1983)

Mercedes Sosa: La voz de Latinoamérica. Dir. Rodrigo H. Vila (2013)

Será posible el sur. Dir. Stefan Paul (1986)

Citas

Facundo Cabral. «Cantante es el que puede y cantor el que debe».

Sandra Hernandez. "Sosa's Land Always Near in Her Songs." [La tierra de Sosa siempre cerca en sus canciones.] *South Florida Sun-Sentinel* (24 de septiembre de 2003)

«Tuve que dejar mi país, irme lejos y al final pude volver. Pero cuando estás lejos, nunca olvidas a tu país. Es casi como si cuanto más lejos estás de tu hogar, más cerca está en tu corazón». —Mercedes Sosa
sun-sentinel.com/news/fl-xpm-2003-09-24-0309230421-story.html

Canciones

Fito Páez. (1985). «Yo vengo a ofrecer mi corazón». Giros. Universal Music Group.

Páginas web

Fundación Mercedes Sosa—mercedessosa.org

AGRADECIMIENTOS

Un enorme agradecimiento a Rotem Moscovich por su brillantez editorial y por ser la editora más amable que una puede pedir. Gracias por confiar en mí y creer en este libro. Se que para las dos fue algo especial y estoy muy agradecida de haber trabajado juntas. Muchas gracias, Sarah Hokanson, Andriannie Santiago y a todo el equipo de Knopf por su trabajo. Chad W. Beckerman por ser un agente maravilloso e impulsarme a hacer cosas nuevas y desafiantes. Gabriela Burin y mis compañeras de la Clínica de Proyectos en Dos Meninas por la orientación y apoyo que ayudó a darle vida a esta historia. Allison H. Hill por su edición y consejos. Aprendí un montón trabajando con vos. Magdalena Cernadas y María D'Ambrosio, gracias por sus reflexiones sobre el texto. Agustín Matus y Araceli Matus por su ayuda y confianza.